一代兵圣
——韩信

◎ 主编 金开诚

◎ 编著 丁怀刚

吉林文史出版社

吉林出版集团有限责任公司

图书在版编目（CIP）数据

一代兵圣——韩信/丁怀刚编著．一长春：吉林
出版集团有限责任公司：吉林文史出版社，2010.11（2022.1重印）
ISBN 978-7-5463-4117-0

Ⅰ.①一… Ⅱ.①丁… Ⅲ.①韩信（前228～前196）
－传记 Ⅳ.①K825.2

中国版本图书馆CIP数据核字（2010）第222265号

一代兵圣——韩信

YIDAI BINGSHENG HANXIN

主编/ 金开诚　　编著/丁怀刚

项目负责/崔博华　　责任编辑/崔博华　　邱　荷

责任校对/邱　荷　　装帧设计/柳甬泽　　张红霞

出版发行/吉林文史出版社　　吉林出版集团有限责任公司

地址/长春市人民大街4646号　　邮编/130021

电话/0431-86037503　　传真/0431-86037589

印刷/三河市金兆印刷装订有限公司

版次/2010年11月第1版　　2022年1月第7次印刷

开本/640mm×920mm 1/16

印张/9 字数/30千

书号/ISBN 978-7-5463-4117-0

定价/34.80元

前 言

文化是一种社会现象，是人类物质文明和精神文明有机融合的产物；同时又是一种历史现象，是社会的历史沉积。当今世界，随着经济全球化进程的加快，人们也越来越重视本民族的文化。我们只有加强对本民族文化的继承和创新，才能更好地弘扬民族精神，增强民族凝聚力。历史经验告诉我们，任何一个民族要想屹立于世界民族之林，必须具有自尊、自信、自强的民族意识。文化是维系一个民族生存和发展的强大动力。一个民族的存在依赖文化，文化的解体就是一个民族的消亡。

随着我国综合国力的日益强大，广大民众对重塑民族自尊心和自豪感的愿望日益迫切。作为民族大家庭中的一员，将源远流长、博大精深的中国文化继承并传播给广大群众，特别是青年一代，是我们出版人义不容辞的责任。

本套丛书是由吉林文史出版社和吉林出版集团有限责任公司组织国内知名专家学者编写的一套旨在传播中华五千年优秀传统文化，提高全民文化修养的大型知识读本。该书在深入挖掘和整理中华优秀传统文化成果的同时，结合社会发展，注入了时代精神。书中优美生动的文字、简明通俗的语言、图文并茂的形式，把中国文化中的物态文化、制度文化、行为文化、精神文化等知识要点全面展示给读者。点点滴滴的文化知识仿佛颗颗繁星，组成了灿烂辉煌的中国文化的天穹。

希望本书能为弘扬中华五千年优秀传统文化、增强各民族团结、构建社会主义和谐社会尽一份绵薄之力，也坚信我们的中华民族一定能够早日实现伟大复兴！

目录

一、君本轻狂　奈何受辱

　　韩信是秦末淮阴(今江苏省清江西
南)人，父母早丧，家贫如洗。出身寒
门的韩信从小就立下大志，熟读兵家名
典，发志要做番大事业。但就是这样一
个雄心壮志、满腹经纶的青年，却有着
不为当世人所容的放纵性格。也许这在
现代人眼中叫做个性，虽算不上美德但
也绝不会被人轻贱。但韩信所生的那
个时代，最重礼法，韩信不拘礼节的行
为遭到了普遍的鄙夷。古时欲做大事就

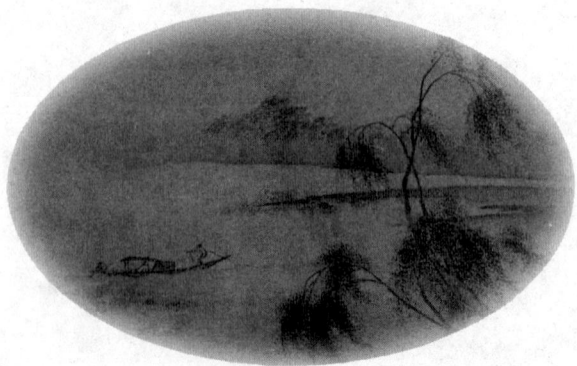

要先做官，韩信也深知这个道理，可当时选官需要乡里中有名望的人联名推荐，试想平日里大家对韩信的印象，韩信自然就不能为大家所推举。求官未果，韩信既不会经商，又不会务农，生存举步维艰、难以过活，只好终日挂剑闲游，靠乞食度日，人们也就愈加厌烦他。

在韩信落魄乡里的那段日子里，下乡南昌有一位亭长看得起韩信，对他十分照顾，于是韩信便常在亭长家里吃闲饭。时间一久，亭长的妻子便不耐烦起来，蓄意将他赶出去。有一天，亭长的妻子早早起来烧火做饭，吃饭时也未招呼韩信。当韩信像往常一样来吃早饭时，见什么吃的也没剩下，讨了个没趣儿，便明白了主人的意思，只好无可奈何地离开亭长家，另谋生路去了。

韩信离开亭长家后，流浪到淮阴城下，临水钓鱼。钓着鱼，就大吃一顿；钓不着鱼，就只好挨饿。这样，没过多久，韩信便变得面容憔悴了。一天，韩信在河边钓鱼，见一位老妪在濑水漂洗棉絮，便上前问道："老妈妈，您漂洗一天，能得多少工钱？"老妪答道："只有三五十钱。""您老人家赚钱虽少，毕竟还能吃饱。我年纪轻轻，虽然持竿钓鱼，常常还要挨饿，实在可怜！"说完，韩信一阵心酸。那老妪见韩信少年落魄，面容憔悴，饿得可怜，便把自己带的食物分给他吃，

一连数日，天天如此，韩信大为感动。他非常感激地对老妪说："承老妈妈如此厚待，将来我若有出头之日，一定会重重地报答您的恩情。"老妪听了，十分生气，很不高兴地说："大丈夫不能自食其力，天天靠别人施舍过日子，能有什么出息。我是看你可怜才给你饭吃，岂是希望你报答。你既然这样说，那今后我也不再拿饭给你吃！"说完，提起棉絮走了。韩信碰了一鼻子灰，呆呆地望着老妪远去的背影，心里又是感激又是惭愧。于是，他暗下决心，一定要奋发进取，将来报答这位洗衣老妈妈的施舍之恩。

一天，韩信在街上闲逛。一个无赖迎面挡住韩信的去路，故意侮辱他说："韩信，你平时腰里总挂着个宝剑，能干什么用? 别看你个子高高，其实不过是一个外强中干的懦夫。"围观的人都哈哈大笑，而韩信像是没有听见那无赖的话似的，继续向前走。那无赖见状，更加得意，

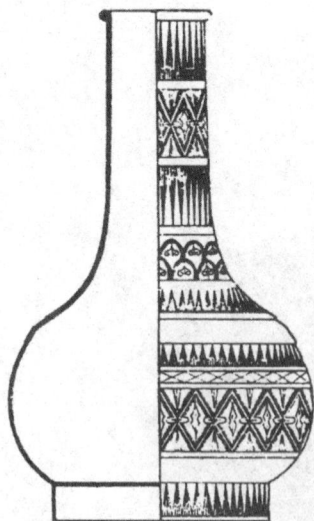

当众拦住韩信说："你如果是条汉子，不怕死，就拿剑来刺我。如果你没有这点勇气，贪生怕死，就从我的裤裆下钻过去。"说着便叉开两腿，作骑马式，立在街上。韩信默默地注视他好一会儿，虽然感到很难堪，最后还是忍气吞声地伏下身子，从那无赖的胯下钻了过去。在场的人哄堂大笑，那无赖也显得神气十足。韩信却像什么事情都未发生过似的，起身而去。于是，这件事成为当时淮阴家喻户晓的笑谈。其实，胯下受辱的经历恰恰表现了韩信的大智若愚和非凡的气度。少年时这一特殊的经历锻炼了韩信百折不挠、虚怀若谷的性格，这成了他日后成为杰出将领的潜在条件。胯下之辱一事，开启了韩信命运的转折点。试想韩信如果斗气杀人，在当时严苛的秦律面前是定要处以死刑的，而大丈夫能屈能伸，正基于此才展开韩信人生的另一幅画卷。

二、登坛拜将　壮志初展

秦二世元年（公元前 209 年），陈胜、吴广在蕲县大泽乡（今安徽省宿县东南）起义后，在吴县（今江苏省苏州市）的项梁和项羽叔侄也杀掉了会稽郡的朝廷命官，起兵反秦。正所谓乱世出英雄，在这个烽烟并起的年代，秦朝的统治走向衰败，而年轻的韩信开始登上历史的舞台，走向自己的戎马岁月。

韩信最初投奔到项氏营中，做了一个无足轻重的小官。项梁阵亡后，韩信归到项羽的部下，任主更值宿卫的郎中。这对于满腹韬略兵法的韩信来说，根本无法展示其领兵征战的特长。加之项羽的多疑与刚愎自用，使得韩信多次向项羽出谋献策，都没有得到重视和采纳，因而郁郁不得志。

在韩信随同项羽的大军到达关中之后，正值项羽分封诸侯之时，韩信仍得不到项羽重用，于是在汉王入汉中时偷偷离开楚军大营，投奔了汉王刘邦的部将夏侯婴。夏侯婴曾做过滕县县令，因而人们都敬称他为滕公。韩信原想可以在滕公的帐下有一番作为，可滕公忌讳

韩信是由项羽那里"逃走"的"叛将"，所以只是给他一个"连敖"职务，不过是个负责接待官吏的小官而已。这样，韩信的才干就又被压制了。

接连的不受重用，仿佛将宝剑置于地下，使之蒙尘。韩信感到命运的残酷作弄，每日醉酒，又回到当初那个备受乡里鄙夷的狂放少年。由于韩信的放荡不羁，加之始终得不到信任和重用，空负了一身本领。这一日他恰逢酒醉，便对周围的几个人说道："主公不贤，宝剑蒙尘。"当时周围人也附和起来。有人将这件事报告给滕公，滕公恐军心不稳，就命人将韩信及其他十三个人抓了起来，依军法处斩刑。前面和他触犯同样军法的十三个人均已行刑问斩，最后轮到韩信时，韩信抬头仰视，正好看见滕公，便大声说道："汉王不想成就夺取天下的大业吗？为什么斩杀壮士！"这是韩信的一

腔肺腑之言，就如同那掩埋地下许久的宝剑，出世的一刻放出了万丈光芒。滕公闻听韩信出言不凡，又见他相貌威武，便释放了韩信，免他一死。滕公与韩信交谈，问及兵书战理，韩信都能应对自如，并且表达自己独特的见解，可谓活学活用。这样就使得滕公十分赏识他，并把这一情况向汉王汇报，汉王任命韩信为治粟都尉，负责管理全军的粮饷。对于韩信这是一次晋升的机会，不仅没有被处死反倒得到提拔。可韩信却并没有沾沾自喜，因为他知道自己的才能有多大，发誓要做出一番事业的男儿又怎肯拘于一个处理后勤事务的职位呢？为此韩信开始寻找机会，以前在项羽处直言进谏、出谋划策的经验告诉他，为人君主多少都会有些独断，自己的贸然自荐只会带来尴尬，将自己置于不利的地位，而在此期间如果能找到一个深得大王信任的大臣举荐，那么成功的机率就会大大提升。一番计划思量后，他想到了一个人，而就是这个人影响了韩信的一生。他就是萧何，"成也萧何，败也萧何"这个成语说的就是萧何与韩信之间的故事。

韩信任治粟都尉后，有机会多次同萧何促膝长谈，他被萧何认为是位难得的军事奇才。萧何多次向汉王推荐其人，但汉王先前就听说韩信的狂放性格，并且知道他曾被市井无赖当街戏耍，所以敷衍萧何。久而久之，韩信发现还是得不到汉王的重用和赏识，而治粟都尉一职，又不是他施展军事才能的岗位。想来想去，决定不辞而别，去寻找他可以施展抱负的地方。一天夜里，月明星稀，韩信悄悄收拾好行装，骑马离开了汉营。韩信连夜逃离汉营的消息让萧何知道了，他跨上马背就去追赶韩信，一则"萧何月下追韩信"的动人故事也就由此发端了。

先交代一下"萧何月下追韩信"的背景。当时正是汉王刘邦带领属下一千人

等赶回封国，走在南郑的路上。由于当时项羽势力最大，且忌讳刘邦最先入主咸阳，所以处处对刘邦进行压制。虽说封刘邦为汉王，并赐予其封国土地，但实际上在其封国周边邻国布下许多精锐部队，以牵制刘邦势力发展。在这一路上，刘邦很多的部下都预感到事态不妙、危机四伏，悄悄地逃走了。而萧何追赶韩信却因为事态紧急并没有事先告知刘邦，这时有人在汉王刘邦面前说道："丞相萧何逃跑了！"这下可吓坏了刘邦。要知道萧何是治国能臣，他在刘邦攻陷咸阳进入城中之前，就告诫刘邦不要贪图王都里的财富与美色，而要尽量搜集典籍地图，以备今后与其他诸侯王作战时取得先机。并且还让汉王士兵不得骚扰城

中百姓，违者立斩。靠着丞相萧何的建议，刘邦才得以收拢天下民心，为今后作战提供了后勤保障。这么重要的萧何一走，刘邦就如同断了手足一般，又急又怒。

交代完汉王刘邦那边的情况，下面就让我们看看萧何是如何把韩信追回来的吧。萧何本是文臣，布衣轻装，按说无论如何也追赶不上勇武的韩信，可也许自有天意安排，一条名为寒溪的河流阻止了韩信的前行。入夜十分，萧何赶到寒溪河边，看到一个牵马的青年正在找寻过河之路。寒溪得名于其水之冰寒刺骨之意。萧何立即下马奔向韩信。韩信见来者是丞相萧何，就知道了他的来意是劝自己回去，可自己是私自离开汉营，和逃跑无异，再者说得不到汉王的信任和重用，就算回去不被问罪也并非自己所愿，所以韩信便先对萧何说明自己是不会回去的，以探虚实。萧何不愧有知人善任之名，他猜到了韩信心中所想，于是开始对韩信分析利弊。萧何说："你这一走，天下人就会把你看做是左右摇摆的小人，不可能再有君王会任用你，你的抱负就不可能实现；如果你相信我，我愿意以身家性命作保，举荐你为大将军，如果你怕回到汉营会因逃跑而受处罚，那大可不必。汉王是不会追究你逃跑这件事的，你因汉王不重用而离开，且离开后又能知返，不能算是大的过错，汉王是会谅解你的。"此时看到萧何以丞相之身追来，并吐露肺腑之言，韩信终于被打动了。萧何为刘邦得到了武将韩信，韩信也看到了萧何的胸怀，这是英雄间的心心相惜，传为后世的美谈。"萧何月下追韩信"也成为对人才挽留、慧眼识珠的经典成语流传至今。

　　萧何追回了韩信，先一步觐见汉王。刘邦听说丞相萧何回来了，真是又气又喜，骂道："你逃跑，是为什么？"萧何答道："我不敢逃跑，我是追逃跑的人。""你去追回来的是谁？"萧何说："韩信啊。"汉王又骂道："军官跑掉的有好几十，你都没有追；倒去追韩信，分明是撒谎。"萧何说："那些军官是容易得到的，至于像韩信这样的人才，是普天下也找不出第二个来的。大王假如只想作汉中王，当然用不上他；假如要想争夺天下，除了韩信就再也没有可以商量大计的人。只看大王如何打算罢了。"汉王说："我也打算回东方去呀，哪里能够老闷在这个鬼地方呢？"萧何说："大王如果决心打回东方去，能够重用韩信，他就会留下来；假如不能重用他，那么，韩信终究还是要跑掉的。"汉王说："我看在你的情面上，就封他做个将军吧。"萧何说："即使让他做将军，韩信也一定不肯留下

来的。"汉王说："那么，让他做大将军。"萧何说："这太好了，韩信这下会留下来了。"当下汉王就想叫韩信来拜将。萧何说："大王一向傲慢无礼，今天任命一位大将，就像是呼唤一个小孩子一样，这就难怪韩信要走了。大王如果诚心拜他做大将，就该拣个好日子，自己事先斋戒，搭起一座高坛，按照任命大将的仪式办理，那才行啊！"这在刘邦看来，是近乎不可能去做的事情，可一想自己丞相先前提到的那些建议，无一不为自己带来巨大的好处，于是就答应下来，命人开始准备这些事务。那些始终效忠汉王刘邦的军官们听说了这个消息，个个暗自高兴，人人都以为自己会被任命为大将军，可等到举行仪式的时候，才知道是韩信，一个平日不为人知的军中小官，如今一下子拜为大将军，军中上下惊骇不已。几位跟随汉王出生入死、身经百战的将军，反倒居于韩信之下，个个被

弄得莫名其妙，面面相觑。刘邦早已意
识到了这一点，便当众颁令道："凡我军
将士，今后俱由大将军节制，大将军当
善体我意，与士卒同甘共苦，除暴安良，
匡扶王业。发现藐视大将军、违令不从者，
准以军法从事，先斩后奏！"

　　大家都惊奇于为何汉王会如此器重
这个轻狂的小子，其实就连汉王刘邦自
己此时可能都想不清楚为什么。但是汉
王心中尚存的这些疑虑，很快就消除了，
因为韩信即将在全军面前证明自己的实
力，宝剑终会出鞘，剑气直冲云霄。

　　韩信拜将受封大将军以后，汉王刘
邦就问道："丞相萧何曾多次向我举荐过
你，并且盛赞你的军事才能，那么将军

有何定国治军的良策，请说给我听听？"

韩信对刘邦道："大王不愿蜗居于此，想要找机会向东方进兵，而同您东向而争天下的不是项羽吗？那么请问大王，您自己估计论我们兵力的多寡、武器的精良、士兵的锐气这些条件，同项羽所部相比孰高孰低？"韩信接着说道："请问在勇悍仁强方面，大王能与项王相比吗？"刘邦沉默了一会儿，说："我恐怕不如项王。"韩信见刘邦有自知之明，不是那种目中无人、不能进言的君主，于是开始就项羽侃侃而谈。他说："项羽虽号称勇悍仁强，但徒有其名。项羽不能用人，不择善而行，其'勇'只是'匹夫之勇'。项羽待人表面上恭敬慈爱，谈吐也算温和，部下有了疾病，他又很同情，倍加关注，但是部下立了功，他却有功不赏，有时官印都抚摸得没了棱角还下不了封赐的决心，这

就是所谓'妇人之仁'。项王虽然现在称霸天下，要指挥各路诸侯，不在关中建都，却东归建都彭城，显然是自失地利。而且，他还违背楚王原约，专以亲疏划分封地，诸侯自然生怒，并且起而效尤。试看山东诸国，已开始驱逐旧王，据国称雄，这如何制止？项王起兵以来，所过之地无不大肆杀戮，百姓敢怒不敢言。眼下人们惧怕项王威势，不敢背叛，将来各国势力逐渐强大，何人肯再服他？项羽名为天下的霸主，实际上已经失去了民心，项王虽强，却是极易变弱的。现在，大王如此反其道而行之，任用天下谋臣勇将，何愁敌人不被诛灭？率领将士，仗义东征，什么样的城池不能攻破呢？"听罢韩信的一番说辞，刘邦深思许久，连连点头。韩信见刘邦点头，知道自己的观点得到了认可，刘邦已经开始信任自己了。

韩信继而分析了刘邦争胜天下的有利条件，说："章邯、司马欣、董翳三王虽然阻我东征之路，但他们本是秦之降将，率领秦国弟子已有数年，战死和逃亡的人不计其数，又欺骗自己的部下和将领投降了项羽，至新安，项羽用欺诈的手段坑杀掉秦朝投降的士卒二十余万人，唯独章邯、司马欣、董翳得以脱罪免死，并且还封为王侯，秦地父老十分憎恨他们，怎肯诚心归附于他们？而大王当初率军进入武关之后，秋毫无犯，并废除秦时苛政法令，与秦民约法三章，秦民无不愿大王治秦，在关中称王。根据当初诸侯的约定，大王理当在关中做王，但项羽以势压人，迫使汉王您让位于他，此行无德无信，秦地的百姓无不怨恨项羽。在这种形势下民心所向，大王如果东入三秦，号令一声就能收复三

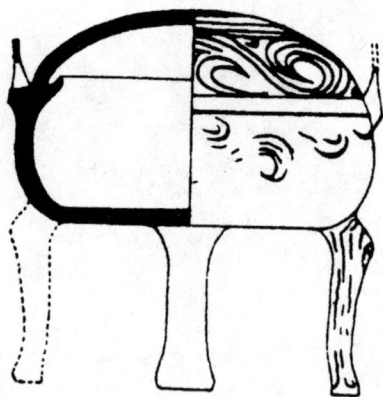

秦之地。以三秦之地为依托，便可进图天下了！"听完韩信的论说，刘邦对韩信有种相见恨晚的感觉。这次谈话，韩信初露锋芒，分析了楚汉双方的利弊得失，指出了汉军必胜、楚军必败的主客观条件，并提出了东征的具体部署，使刘邦看到了希望。尤其值得一提的是，韩信在分析形势时，不是单纯从军事力量的对比着眼，而是把战争的胜负同人心的向背紧密联系起来，表现了超人的政治远见和卓越的军事才能。

如果说萧何之前为刘邦夺取天下是做了政治上的准备，那么韩信就是从军事上论证了刘邦一争天下的战略可行性。韩信的这番议论，为刘邦制定了东征三秦以夺天下的方略，剩下的就是将构想付诸实践的过程了，而这场助刘邦称雄的战役就在新拜大将军韩信的指挥下，全面展开了。

三、明修暗度　还定三秦

　　在韩信治军月余后，汉王刘邦所部士兵都精锐无比、训练有素，平定三秦之地的战役前期准备基本完成，为此萧何还组建了一整套充实的后勤链，为出征的将士提供有力保障。就在这样全军一心、准备充足的情况下，公元前206年八月，汉王举兵东进，韩信献上了拜将后的第一条决胜计策——明修栈道，暗度陈仓。此役也作为冷兵器时代的一场经典战役被历史记载下来。

汉军趁夜离开南郑，准备先取汉中，打开东进的大门，建立兴汉灭楚的根据地。而就在此时，项羽正为东方的战乱所牵制，无暇西顾。关中分别由雍王章邯、翟王董翳和塞王司马欣把守，但他们的弱点早就被韩信分析透彻，三秦之地兵力单薄，雍王章邯、翟王董翳和塞王司马欣三名秦朝降将又不受秦民拥护，立足未稳。于是，韩信命樊哙、周勃、夏侯婴等将军率领少数人马，先去修复栈道，装作要从栈道出击的姿态，以麻痹敌军。

在这里还要交代一下有关汉王所修栈道这一事件的始末。当年刘邦被项羽名义上封为汉王，入主关中偏远一隅，又受到三秦之地雍王章邯、翟王董翳和塞王司马欣这三人的看守，三人伺机出兵有灭掉汉王所部之意，可谓前景堪忧，处境艰难。而就是在这种情况之下，刘邦

的谋臣策士张良献上一计为刘邦解了围。此计就是将汉王出入封国的要道——栈道一把火烧掉。此计所为有二，一则可以消除项王对刘邦不臣之心的疑虑；二则就是刘邦在这种封闭的环境下可以快速发展力量，而又不易暴露实力。此计可谓意义深远。

公元前206年八月，汉王举兵东出，时值秋高气爽，汉军将士东归之心甚切。自汉军入蜀后，将士们思念家乡，早就想杀回汉中了。大将军韩信一声令下，汉军离开南郑，出褒中循古时小路，向西北故道挺进，神不知鬼不觉地渡过渭水河，以迅雷不及掩耳之势，直扑陈仓。雍王章邯本奉项王密嘱，堵住汉中，作为第一道门户，想把刘邦关进偏僻的山里。此时闻知汉王已拜韩信为大将，正在督修栈道，不日出兵。他便大笑道："既想出兵，何以烧栈道？现在又要重修，三百里栈道尽是悬崖峭壁，何年何月方能修成？真笨贼也。"说完，章邯又问左右，韩信何人，左右忙将韩信的历史对他说明。他复大笑道："胯下庸夫，有何将才？"于是放松戒备，轻敌之心可见一斑。一天，忽有陈仓败兵，逃至废邱，报称汉军已夺了陈仓，杀死戍将，现已兵临城下。章邯大惊，慌忙引军迎战，迎面正撞上樊哙，两军布阵厮杀。汉军积愤已深，勇不可当，直杀得章邯顾头失尾，节节败退。汉军乘胜追去，不料章邯收拾残兵，又二番反戈冲杀过来。韩信见状，调出汉军左右两翼。分别由灌婴、周勃领兵策应前锋，直杀

得章邯大军四散溃逃，章邯也几乎送掉
了性命，带着残兵狼狈地退回废邱，紧闭
城门，高悬吊桥。中了明修栈道、暗度陈
仓之计的章邯，逃回城中后马上派人向
董翳和司马欣求救，谁知董、司马二人一
听此军情，早吓得魂不附体，如何敢动。
汉军势如破竹，很快占领了关中大块土
地。

　　韩信不失时机，命周勃、灌婴等大
将去攻取咸阳，以卡住章邯东逃的去路，
然后发兵围攻废邱。他取出萧何提供的
地图仔细察看，见废邱城面临渭水，防
守严密，易守难攻。于是，韩信决定智
取。他首先命令大将樊哙等部到渭水下

游截流筑坝，时值秋季，雨水充足，加之渭水下游不畅，水不下泄，如万马奔腾，涌进废邱城内，城内顿时乱作一团。章邯见势不妙，急忙率兵从北门突围。韩信马上又命樊哙放水，挥军直追章邯。章邯丢了城池，前无去路，后有追兵，只好拼死一战，结果惨败，自知无法脱险，便在绝望中拔剑自刎了。前文交代了章邯因轻敌而失了先机，但项羽用人之时正是看重章邯为将的勇猛，当时他在秦国也是赫赫有名的战将，所以才委任他来把守汉王门户。翟王董翳、塞王司马欣本来都是章邯部下的属将，闻知章邯兵败自杀，就如同群狼无首，方寸大乱，便先后投降了汉军。这样，号称三秦的关中地区，不到一个月就尽归了汉王。韩信与张良携手，用"明修栈道、暗度陈仓"之计，出奇制胜地夺取了三秦，打开了东进的大门，为刘邦建立了一个兴汉灭楚的根据地。

　　而此役也使得韩信在天下
扬名，其优秀的指挥才干得以全
方面的展示。韩信进军三秦之
前，就详细地分析了项王与雍王
章邯、翟王董翳和塞王司马欣这
些敌对势力的长短优劣，找出了

他们的弱点并以此为突破口，运
用到实际的战役中去。这不能不说是知
己知彼，为将谨慎果敢的大略。正所谓
为将者须知天时、地利、人和之理。在
这次战役之中，韩信利用了全军将士思
归心切的心理，迅速收拢军心，做到了
人和一点。随后韩信又选择了秋季雨水
充足的季节出兵，依靠渭水倒灌城中的
办法迫敌出城，减少了攻城的损失，这
又是对天时和地利的正确运用。有了天
时、地利与人和，再加上"明修栈道、暗
度陈仓"之计起到的奇兵之效，韩信将
为将之道发挥得淋漓尽致，在实战中证
明了自己的价值。

四、力挽狂澜　奇兵破魏

韩信平定三秦之后，汉王刘邦于公元前 205 年决定发兵直扑彭城，将项羽的根基所在顺势打垮，毕其功于一役。战争伊始，汉军带着胜利的锐气，接连收服了魏王豹、河南王申阳、韩王郑昌，随后殷王司马卬降汉。联合齐王田荣、赵王歇共同击楚。四月至彭城，汉军攻下彭城不久，便被项羽率两万精兵在睢水打得大败。汉军死伤无数，刘邦也险些丢了性命，带领几个残兵败将逃出重

汉高祖刘邦

围。在这紧要关头，韩信收集兵将，与刘邦在荥阳(今河南荥阳东北)会合，并屡次击败项羽，使楚军不能西进。这样，楚、汉两军在成皋(今河南荥阳西汜水镇)、荥阳一带呈相持状态。在这里需要分析一下当时的形势，由于项羽在讨秦的多次战役中都十分勇武、加之有"仲父"范增的辅佐，使得天下诸王都臣服于项羽。但项羽对这些诸侯王不是十分信任，不愿意将权力放给他们，致使大家都有种敢怒不敢言的情绪。刘邦在这种情况下出兵与项羽一争天下，由于之前在争夺三秦旧地的战役中取得大胜，在这种情况下就有很多小的诸侯国动摇了，倒向汉王刘邦的阵营。可有句谚语不是说道"瘦死的骆驼比马大"吗，项羽之名在这些诸侯王心中还是很有震慑力的，又恰逢刘邦新败，项王再展霸王之风，打压刘邦的事情就接二连三地发生了。

原先投降汉王的司马欣、董翳见刘邦彭城兵败，又背叛了刘邦，投降了项羽。原先归附汉王的齐王、赵王也同项羽讲和。公元前205年六月，魏王豹告假回归故里，探望病中的母亲。结果，一回到平阳，他就绝断了临晋关（今陕西大荔东），并与项羽订立了盟约，背叛了汉王刘邦，局势十分危险。尤其是魏王豹的反叛更使刘邦坐卧不安。魏王豹雄踞河东，西进可以威胁关中，南下可以割断关中与荥阳的联系，对荥阳的威胁甚大。

汉王派郦生说服魏王豹不成，于是八月任命韩信为左丞相率兵击魏。这场战役对于韩信来说可谓临危受命，取胜则可以专心与项王一战，而败北则会导致汉军处于腹背受敌的两难绝境，若魏王与项王合兵两面夹击，则回天无力，败局落定。所以说这是一场生死之战，

只能取胜，别无他法。

再说魏王豹，他与项王订立的盟约很简单，战术思想也很明确，就是陈兵封锁蒲阪（今山西永济西蒲洲镇），切断临晋交通，阻止汉军渡河。待到项羽领兵插入刘邦军队后方，再两面夹击斩杀刘邦所部全军。

蒲阪位于黄河东岸，同西岸的临晋相对，是攻魏的必经之地。韩信率汉军到达临晋，见蒲阪地势险要，易守难攻，便采取声东击西的战术，集结船只佯由临晋渡河，暗中却调集军队，准备从夏阳（今陕西韩城南）渡河。

魏王豹见韩信在临晋布下重兵，沿岸摆列无数战船，旌旗招展，料定汉军必由此过河。于是集中兵力，严加防守。谁知韩信却在北边的夏阳埋伏重兵，并命兵士砍伐树木，制造了许多木罂（小口大腹的水桶），用绳子联结起来，漂在水上，代替船只，顺利地渡过了黄河。

汉军以木罂渡军，出其不意地渡过黄河，迅速奔袭魏城安邑（今山西运城东）。魏王豹闻讯后，方知中计，慌忙引兵赶到安邑，韩信所部以逸待劳，结果魏王豹兵败被俘。韩信平定魏地后，在那里设立了河东郡，使汉王的势力扩大到今山西中部和东南部。

一场本该是全军奋勇向前、浴血拼杀，为后方打开通道的惨烈战役，在韩信巧妙的布局中变成了对自己非常有利的以逸待劳的战役。这场战役中韩信保持了冷静的头脑，有种举重若轻的傲人风范。本该是一场艰难的攻坚战，却在韩信手中舞出一场"围魏救赵"的好戏。生死存亡、关系命运的一战就这样以韩信的巧胜告捷，战场上的斗智斗勇在韩信这里成为一种艺术。

五、背水列阵　鏖战井陉

在对魏王豹一役的全胜之后，汉王刘邦不仅解除了两面拒敌的威胁，而且还划出了大片的势力范围，大体转危为安，拥有了可以与项羽相抗衡的实力。但此时，黄河以北尚有代、赵、燕及山东的田齐四个割据势力。他们依附项羽，对抗刘邦。韩信针对这种情况，向刘邦提出"北举燕、赵，东击齐，南绝楚之粮道，西与大王会与荥阳"的战略计划。刘邦采纳了韩信对楚实施战略包围的建

议，在坚持对楚正面作战的同时，又给韩信增兵三万，命其率军东进，派张耳协助，开辟北方战场。

公元前205年九月，韩信大军首先在阏与（今山西和顺西北）大败代军，俘虏了相国夏说。接着越太行山东进，乘胜击赵。赵王歇得到消息后，急命成安君陈馀集中二十万大军于太行山八陉口之一的井陉口（今河北获鹿西的土门关），占据有利地形，构筑壁垒，准备与汉军决战。连绵千里的太行山脉，共有八陉，井陉是第五陉，是连接代、赵的咽喉要道，兵家必争之地。赵国的谋臣、广武君李左车向陈馀建议说："韩信渡西河、掳魏王、擒夏说、血洗阏与。现又有张耳加盟，乘胜欲下赵国，军队锐不可当。
可是我听说：'千里运粮，士卒就有挨饿
的危险；到吃饭时才去打柴做饭，军队
就不会餐餐吃饱！这井陉口，车不可并行，
骑兵不可列队，行军数百里，其粮草必
落在后面。望您暂拨给我三万骑兵，我
从小路截断汉军辎重粮草；您深挖护营
壕沟，加高兵营围墙而待。汉军前不得
战，退不得回，我的部队断绝汉军后路，
荒野无食可掠，不出十日，韩信、张耳
的头颅就可悬在您的旗下。希望您采纳
我的计谋，否则我们定被汉军擒获。"岂
知陈馀本是一介书生，看不惯一些兵法
上的奇谋诡计，只推崇"堂堂正正"的"传
统战法"，说是有君子之风，王者之气，
所以对李左车的建议很不以为然，特别
是从李左车的话里还听出些轻视自己的

意味。于是陈馀说：“兵法上讲，十倍于敌人的兵力就包围它，一倍于敌人的兵力就与之交战。韩信虽号称数万人，其实不过数千人，千里迢迢来奔袭我们，士兵早已疲惫之极，我们却避而不击，若更强大的敌人前来,我们将如何对付？汉军一定会认为我们胆怯，会轻易地攻打我们。”言辞坚决地拒绝了广武君李左车的建议。在战场上不靠智谋良策取胜，却处处想着照顾自己的颜面，遇到这样的统帅，李左车大有哭笑不得的感受。

韩信探知陈馀不用广武君李左车的计谋，心中暗喜，于是放心大胆地纵兵深入，在井陉口以西三十里的地方驻扎。

时至夜半，韩信开始点兵，先派出轻骑两千人，每人携带一面汉军旗帜，抄小路进发，潜伏到赵军营垒附近。行前，韩信吩咐这些士兵说："如果赵军见我军退却，必会倾巢而出，追杀我军。这时，你们就趁机冲进赵军营寨，拔掉赵军的旗帜，换上汉军的旗帜。"然后命令副将给大家发干粮，让他们先垫垫肚子，并很自信地说："大破赵军之后，再请大家饱餐一顿。"诸将闻言，将信将疑。韩信又召集将领们分析，认为赵军已先占据了有利的地势，他们在未见到汉军大将旗鼓之前，定会担心我们遇到险阻而退兵，是不肯轻易发兵攻打我们的。于是韩信派一队精兵作为前锋，出井陉口，背临水脉，面向赵军阵地，摆开了阵势。拂晓时分，陈馀从营垒中看见汉军背水列阵，不禁笑道："背水为阵，只可进，不可退，此乃兵家之大忌。破汉军，斩韩信，就在今日！"于是传令三军做好攻

击准备，静待天明时分的决战。

天刚蒙蒙亮，韩信亲率人马，高举大旗，擂起战鼓，杀出井陉口。陈馀打开营门，挥兵出战。两军交锋，赵军仗着人多势众，一拥而上，来围韩信。韩信急命抛弃帅旗，扔掉战鼓，向后撤退。陈馀见汉军败退，挥兵拼力追杀，就连据守大营的赵兵也想乘势邀功，竟把赵王歇也拥了出来，掠取汉军旗鼓，扬扬得意，哗声如雷。这时，后退的汉军为水所阻，再也无路可逃，此时韩信传下军令："决一死战，后退者斩！"便拼死求生，奋力苦战。两军从早晨直杀到中午，仍不分胜负。陈馀恐部众饥饿，不能再战，便传令回营。不料刚退到半路，只见营中全是汉军旗号，原来是韩信所派的两千轻骑兵，等赵军倾巢而出追击汉军，争夺战功的时候，立即冲入赵军营垒，拔掉赵军旗帜，竖起两千面汉军的旗号。看到这种情景，陈馀不禁惊呼道："怎么大营被汉军夺去了！"赵军闻言，顿时惊慌失措，一下子乱了阵脚，争相逃命。陈馀哪里还能喝止得住，虽然杀了一些逃跑的士兵，仍无法挽回败局。汉军内外夹击，越战越勇，大败赵军，在泜水（今河北省魏河）斩了陈馀，俘虏了赵王歇。

战后，众将领纷纷向韩信祝贺。他们有人问韩信："兵书上明明写着'左倍（背）山陵，前左水泽'。行军列阵时，左后方应靠近山陵，左前方应临近水泽，按着'背山临水'的原则部署兵力。大将军不照兵法行事，却让我们背水列阵，并蛮有把握地说'破赵会食'。结果真就获胜了，道理何在? 请大将军明示。"

韩信笑道："这就是《孙子兵法》上说的'陷之死地而后生，置之亡地而后存'。此战敌众我寡，若将军队部署于平地，岂不都想夺路逃生？因而必须把军队置于无路可退之地，逼迫士兵人人奋勇、死力拼杀。士兵们自知没有了退路，自然会勇气百倍，无人敢当。"诸将听后，无不钦佩。

其实，韩信上面谈到的还只是背水列阵作战效果的一个方面。另一方面，背水列阵还麻痹了对方，助长了赵军的轻敌思想，诱使赵军脱离有利地形和阵地，倾巢出击，使汉军迂回部队得以顺

利地偷袭赵军大营。韩信的背水阵，实在是因地制宜、出奇制胜的妙棋，是知己知彼、灵活运用兵法原则的典型。

看到这里，有人会说此战的胜利靠的是运气，如果当时陈馀真的听取了广武君李左车的建议，那么韩信性命尚且难保，又岂能在这里和将士们谈什么"陷之死地而后生，置之亡地而后存"呢？没有错，作为一名杰出的将领，是不应该拿所部士兵的生命做轻率赌注的，这样做会丧失军心，也就称不上人和，这样的将领，就算取得了战役的胜利，那也无非是靠着运气，拿生命做赌注的不负责任的胜利，不值得推崇与赞扬。在这里，一个矛盾点就产生了，试问在一场战役里，是不是取胜了就证明这个将领有才能？如果说不是这样，那么什么才是决定优秀统帅的关键呢？应该是顾全大局的责任观，不能为一些无谓的牺牲找借口，不能用士兵的生命做赌注。

在此借韩信的这场"背水一战"，分析一下韩信的统帅人格。在这场战役进行之前，难道韩信没有注意到自己兵力与赵王歇和陈馀兵力的差距吗？古语有

云："攻城略地，当以十敌一。"说的是战役中攻城的一方如果想要胜利，应该有十倍于城中守军的兵力，而韩信自然也知道这个道理。那么我们说韩信引兵攻打赵王歇，就是想用这些少而精的士兵出奇制胜？这显然是不可能的，因为光是应对广武君李左车的计策韩信就是在赌博，没有哪个将领会那么早地将自己的命运掌握在敌方手中。退一步讲，就说韩信赌博成功，广武君李左车的计策没有被采用，韩信自己和士兵们顺利到达城下，那么韩信凭什么对自己的士兵那么自信，认为他们在背水一战中会超水平发挥，坚持到胜利？很显然这是不可能的，以前面与魏王豹那场巧胜为证，韩信要的是自己的以逸待劳，而不是这种"置之死地而后生"的冒险行为。在前面已经把情况和可能性都分析了一遍，发现结论只有一个，韩信在赌博，先赌陈馀不会采纳广武君李左车的建议，

再赌自己的士兵一定会以一抵十、坚持到骑兵进城，造成敌军内部恐慌，最后还要赌上敌方精锐从城中尽出，为骑兵插旗赢取时间，直至最后出城夹击敌部，取得胜利。其实韩信如果真的这样赌的话，赢的几率很小，错走一步就会连命都搭进去。试问，大将军马革裹尸，何惜命哉?!可士兵呢?莫非真的是要一将功成万骨枯?责任呢?统帅人格呢?然而在韩信身上这些疑问都不会发生，因为他懂得顾全大局。

请大家看看这样一个战前突发事件，之后相信读者您自己就能对上面几个问题做出回答。韩信当初俘获魏王豹，平定魏地以后，曾向刘邦提出"北举燕、赵，东击齐，南绝楚之粮道，西与大王会与荥阳"的战略计划。刘邦采纳了韩信对楚实施战略包围的建议，自己亲率大军坚持对楚正面作战，命韩信率军东进，派张耳协助，开辟北方战场。刘邦、

项羽在主战场争夺成皋、荥阳半年多的
作战中，荥阳、成皋数次告急，刘邦迁
怒于韩信未采取更加积极的作战行动，
直接策应主战场之作战，特别是韩信在
另一战场连连取胜，兵力不仅没有太多
折损，反倒招募到大批新兵。因而，刘
邦在一次战败后逃至修武，马上急驰到
韩信、张耳军营，夺了韩信的印信与兵符，
欲亲调韩信、张耳之军征伐项羽。刘邦
的想法显然矛盾，一方面希望韩信用所
部兵马积极作战，以便于直接策应刘邦
对峙项羽的主战场战局；另一方面又害
怕韩信不断扩充军力，有一天脱离自己

的统治，就在这样患得患失之际，做出这样一个决定，就是将韩信所部调走，随刘邦赴主战场再战，而仅留很少的士兵由韩信带领，继续征讨那些没有臣服的诸侯国。

刘邦那边算是放心了，带着大队人马开赴前线迎战项羽，而难题落在了韩信的身上。试问韩信领兵征讨，本就是孤军深入，如果没有强大的军事力量，是举步维艰、难以生存的。这时韩信作为将领可以有两个选择，一是退守故地，等待刘邦胜利后派遣的军队救援，这样可以保证自己全身而退。可这一选择的弊端就是在撤退之时，士兵士气低落、战战兢兢，如果遇上敌兵半路的劫杀，或干脆遇上追兵，那么将会有多少士兵无谓地死去。另一条路就是赌博，兵行险招、剑走偏锋，那可真是"陷之死地而后生，置之亡地而后存"了，这样的话，士兵都会毫无畏惧，为生存而战，勇往直前。当然，如果落败，自己是断然没有活着的可能，结果不用再说。韩信用他的统帅人格作保，生命为赌注，就算是没有那条可以背临的河水，他也早就已经将自己的后路断掉了。

当然，韩信不是莽夫，在一些战术细节上，他做了充分的准备，为最后时刻的短兵相接提供了先决优势。这些先决优势包括：体能优势。汉军士兵已经在晚上提前吃过早饭，而韩信列阵诱敌的时候，赵军应该还没有吃早饭，或者是正准备吃早饭。所以汉军明显在体能上占有优势，为士兵能坚持到胜利一刻提供了体力上的支持。还有心理优势。

韩信是主动进攻，而且已经进行了战役谋划和准备，是有备而战。而当陈馀看到韩信背水列阵，不合常理，会更加轻视韩信，再看到韩信、张耳的旗鼓阵仗，更加使得他心浮气躁，急于一战。在主帅心理上一稳一浮，可分高下。最后还有士气优势。汉军背水一战，无路可逃，只能死战。而赵军已经缴获了很多汉军的旗帜物资，有了邀功资本的士兵和将领，在战斗中自然不会以命相搏。这样汉军就有了士气和战斗力上的优势。拥有了以上优势汉军就完全可以稳住阵脚，顽强抵御敌方进攻，将对方牢牢拖住。汉军主力的作用就是要诱敌主力，争取时间，待到敌军内部人困马乏，再加之后来汉军红旗招摇带来的恐慌，赵军方寸大乱之时，与之形成夹击之势，以少胜多，全歼敌军。

为将者，不仅要心硬如铁，而且更要审时度势，不畏牺牲，顾全大局。此

战胜利不仅保全了全军将士的生命，而
且从战略上配合了刘邦在荥阳主战场上
的战斗，消除对主战场侧翼的安全威胁，
同时占领赵国后，韩信所部将直捣项羽
的战略后方，减轻荥阳主战场的压力。
这是冒险的一战，也是计划周密的一战，
更是韩信作为统领人格闪耀的一战。因
其可以预见此战的险恶，所以才需要更
加周密的部署，靠着将帅士兵的上下一
心，演绎了一场经典的以少胜多的战例，
其实彪炳史册的又岂是简单的战役胜利，
更应该是那剑走偏锋仍无忧无惧的统帅
气度！

六、虚心求教 以威降燕

　　破赵以后，韩信下令勿杀广武君李左车，能将其生擒者赏千金。重赏之下必有勇夫，何况此时汉军已经攻入赵军营地，很快就有兵卒将李左车绑到了韩信帐下。韩信见了，连忙迎上前去，亲手为李左车解缚，并请他面向东坐，而自己向西与他坐着，像对待老师那样的礼敬他，恭敬地说："假如陈馀听从了广武君您的建议，我早已被擒了。也正是因为他没有采纳您的建议，韩信才得以取胜，才有幸能见到您啊！"接着，韩信恳切地说："我计划北攻燕，东伐齐，先生看怎样才能成功呢？"李左车答道："败军之将，不可以言勇；亡国之大夫，不可以图存。我如今已成将军的俘虏，怎敢与将军议论大事呢？"韩信说："先生不知百里奚曾经住在虞国，但是虞国被晋国灭掉了，后来他又到了秦国，却帮助秦国称霸诸侯。同是一个百里奚，并非在虞国时他就愚笨，在秦国时就聪明。区别只在于国君用不用、信不信他的计策罢了。当初，如果不是陈馀不肯重用先生，像我韩信这样的人早已被俘或身首异处了，那我今天怎么会有机会向您请教呢？我是真心诚意地听取先生的意见，望先生切莫推辞。"韩信身居将位，

对待俘虏广武君李左车的态度若此，一
番情辞恳切的对话后，广武君李左车相
信了韩信的真诚，也愿意为韩信献计献
策，但广武君李左车毕竟新败，更是当
初设计取夺韩信性命的人，所以在言辞
上显得非常谨慎。广武君李左车说："我
听闻：'智者千虑，必有一失；愚者千虑，
必有一得。'所以说即使是犯人的话，圣
人也可以有选择地采纳。不过恐怕我所
献的计策不一定值得采用，但我仍愿献
上我的愚见。"韩信领首，知道了广武君
李左车的心意，也生怕他再有顾虑，于
是当即表示希望广武君李左车能留下来
帮助自己。广武君李左车见韩信治军严
整有方，有宽阔的胸襟，对自己先前的
所为不但不表示忌恨，反倒是真诚希望
得到自己的帮助，可谓良禽择木而栖，自
己的才能终于能得到赏识，于是广武君
李左车再拜，将自己的计策侃侃而谈。

　　广武君李左车说道："成安君陈馀本

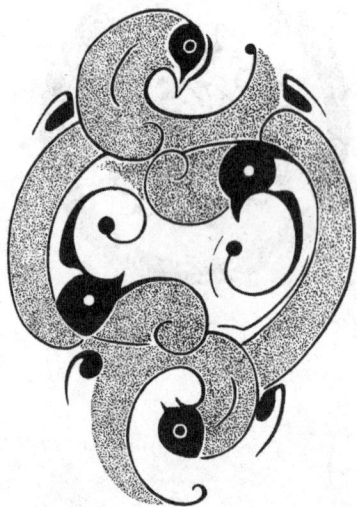

来有百战百胜的计策，但是一旦计策失效，大军就败在了鄗城之下，就连他自己也身死于泜水之上。如今大将军您渡过西河，俘虏魏王豹，在阏与活捉了代相国夏说，一举攻下井陉口，在不到一上午的时间里就打垮赵二十万大军，诛杀成安君陈馀，名闻海内，威震天下。使敌国百姓担心灾难来到，都放下农具，停止工作，竖着耳朵打听您下令进军的消息，可谓兵威所至、莫敢阻挡，这些是您的长处。但凡事都有两端，物极必反，盛极必衰，就像您现在兵威无匹，如同锋利的刀刃，可以轻松斩断物件的同时也极容易将刀刃卷折。破赵一役过后，我们的将士疲惫，实际情形是难以用兵。现在将军要率领疲惫劳苦的士卒，去围困燕国坚固的城池，想战又恐怕拖得太久，力量耗尽而不能攻克，到时我们将士疲惫、粮草不足的实情暴露，则燕国定会死守到最后一刻。试问连弱小的燕国尚且不容易攻克，强大的齐国又怎么会屈服？到时齐国也必定会固守边境强硬到底。燕、齐相持不下，我们又难以继续进军，那么刘邦和项羽的胜负也就分不出来，这是将军的短处。我认为'北攻燕、东伐齐'的计策是失策。善于用兵的人常用己之长击他人之短。"

韩信心中一惊，目前军队的情况的确如广武君李左车所分析的那样，士兵们虽然在享受胜利带来的喜悦，士气高涨，但最近经历恶战连连，自己的军队又是孤军深入，即使说自己还有心力去奋战厮杀，士兵们也难以支撑，真是心有余而力不足。

韩信思虑一番后，感觉广武君李左车见识非凡，不像一般的谋臣策士那样善于揣测主公心理，依其君主心意再下评断，对广武君李左车更是敬佩不已，眉宇间尽是钦佩之情。广武君见韩信在听罢自己的分析后有些忧虑，知道韩信

已经同意自己的看法，只是这样一来，既不能攻城，又不能撤兵，真是两难相煎。于是广武君李左车将自己的对策讲了出来，建议道："在这种情形下，将军不如按兵不动，休整士卒，安定赵地，抚恤遗孤，展现将军仁厚爱民的风范。这样做的话，不出百日，定会有百姓感激将军之恩，仰慕将军之德，将牛肉美酒纷纷献上，您用这些献上来的物品犒赏将士，并摆出攻打燕国的态势。民心所向，赢得百姓爱戴的军队就会不断吸收进兵源，得到老百姓的资助，享受老百姓的赞誉。这样一来军队就能得到休整，而且还将扩展您的实力。在这种情况之下，内部不断变强，对外震慑弱小的燕国，令其为自己的前景忧虑，在这种情形之下遣辩士去游说燕国，把自己的优势充分显示在燕国面前，燕一定不敢不降。燕国归降之后，再派辩士说以利害关系于齐国，齐国见燕国已经降服，自己处于孤立境地，则齐国必从风而服，即使有再聪明的人也不知道该怎样替齐国谋划解围了。像这样，天下的大事就好办了。用兵之道，本来就有先声夺人，再动实际的策略。”

韩信当即下令休整士卒，安定赵地，抚恤遗孤，待民心所向之时派以辩士前往燕国劝降，一切都是依从广武君李左车提出的建议行事。这样，不出半月，燕国就递上了降表和地图。但在齐国迟迟不肯归降这一问题上，韩信充分分析了两方实力，感觉可以与之一战。于是加紧招募和操练士兵，对外准备采取主动进攻的策略。而对于新降的燕国，为了加强对其的控制，韩信先举荐张耳，请求刘邦册封他为赵王，让他镇抚赵国，并严密监视燕国动静，这样后方的阵地就得以巩固，自己在前线才能有更大的把握取得胜利。前方兵源充足、士气如虹，后方安全稳固、保障有力，韩信将这些

有利的因素整合起来，决定讨伐齐国。

这时的韩信已经顺利渡过一个相对艰难的时期，正如广武君李左车所说的，自己虽用兵如神、势如破竹，但是在此之前始终是长途奔袭，战线拉得很长，不利于持久的攻伐。而究其原因，是自己没有一个稳固的后方，始终有腹背受敌的威胁。而背水一战虽将赵国攻下，实际情况却是自己已经无力再对燕国或齐国任意一方实施作战计划。原因有二，一是内部积弱，实力不强，打起来没有取胜的把握，就更谈不上速战速决、以战养战了；第二点原因就是，燕齐两国对待韩信的态度，是同仇敌忾的，讨伐其中任何一国，另一国都会倾全力从背后进行夹击，这样的话，取胜就无从谈起，甚至说是败局已定。这时广武君李左车的计策却起到了"不战而屈人之兵"的奇效，因为齐国和燕国都忌惮韩信统领的那支士气如虹的军队，生怕自己会

像赵国一样，一战而亡国。正是这种微妙的关系，使得燕国和齐国不敢主动出击，而燕国弱小，必须依附于强势的一方才能得以保全，于是在归降韩信这一问题上具备了可行性。韩信主动派辩士劝降燕国，可谓先发制人，在燕国还没有决定是与齐国联手抗击韩信，冒险一搏，还是归降韩信以稳妥的方式保全自己的时候，率先打开了与之交好的通道，这样，燕国的归降就合乎情理了。

　　韩信作为战场上的指挥家，可以达到用兵如神的境界。就是这样一个有充分理由独断专行的人，却可以不计前嫌，虚心向广武君李左车求教。这是韩信作为指挥家与平凡的一介武夫的区别，礼贤下士，泯却仇怨，不是每个人都可以做到的，可就是韩信这样一个自信的人做到了，自信而不自大，更显其可贵啊！

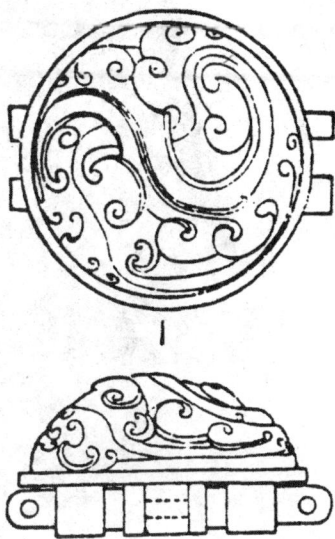

七、以水截兵　大破联军

　　在这种大好形势下，韩信出兵定会一举攻克齐国防线，与汉王刘邦共同建立起包围项羽的环形战线。但毕竟他们的对手是项羽，项羽不会甘于让韩信顺利进军齐地。于是，楚王项羽在此期间多次派兵渡黄河击赵，赵王张耳和韩信往来救援，一时间抽不出身来打击齐国。而在另一个战场，项羽看清了刘邦不擅长用兵的弱点，在荥阳围困刘邦，刘邦逃跑到宛、叶间，收服英布同入成皋，

楚又急忙围攻成皋。汉三年六月，汉王出成皋向东渡过黄河，单独与夏侯婴跑到了修武的张耳军中，一大早自称汉使进入赵军营。张耳、韩信还没起床，刘邦径直进其卧室，拿走了他们的印信兵符，召集诸侯，调动了诸侯的位置。等张耳、韩信起床后才得知汉王来过，不禁大惊失色。汉王夺了两人的军队，命令张耳备守赵地，任命韩信为赵相国。命令没有调到荥阳的赵兵去攻打齐国。

这下，韩信苦心积累的内外优势又瞬间化为乌有，本该是一场己方占据绝对优势的对齐战争，又要从长计议。不仅如此，一场无形无迹的战争也开始在韩信身上上演，刘邦从韩信这里调兵，相似的情况以前也发生过，不过那时只是汉王被项羽打得焦头烂额，正面战场的对峙状态维持不住的紧急情况下做的仓促安排。当时在刘邦眼中，韩信这里就是他的仓库，缺少了什么直接来取就是了。但这次不同，刘邦已经发觉到韩信这边的战场被韩信全面掌控，打得风生水起、天下扬名，再反观自己，始终是打不开局面，甚至可以说被项羽打得抱头鼠窜、狼狈不堪。刘邦会自然而然地考虑到，韩信已经不是当年的无名之辈，那在他心中还能有我这个主公吗？若韩信一旦有不臣之心，那我到了他的军营岂不是自寻死路？盗用韩信的兵符，抽调其精锐的部队，刘邦也许想要解决主战场上被项羽围困的问题，但谁又能保证不是以此来限制韩信，甚至希望他在对齐一战中败亡呢？功高震主本就是为将之人最大的忌讳，何况刘邦收回兵符本身就是对韩信的怀疑，里面可能还有自卑的因素，总之今后有些事在这就已经埋下了伏笔。

而战争的另一方齐国也在为此战做着积极的准备。齐王田

广得悉汉军进攻的消息，立即调集全国的兵力，号称二十万大军驻于历城、济南一带，积极备战，准备与汉军决战。而刘邦在解除了项羽对其围困的窘境之后，开始关注于韩信一方对齐国作战的战局发展。刘邦谋士郦食其对汉军攻齐提出了不同建议，郦食其认为北方燕赵已经完全平定，唯有齐国未下，不必强攻，应通过游说，迫使齐国屈服。他建议刘邦说："齐王田广占有千里之广大土地，齐相国田横调集二十万大军于历城，田氏宗族统治的地区背靠东海，前有河济阻隔，南近楚地，且齐人诡诈多端，虽然有韩信将兵，也未必能在年内将其攻破。不如下书招降齐王。"这对刘邦来说实在是一个很好的建议，因为如果郦食其的说服行动成功，那么不仅自己不会折损实力，还会以文臣的功绩来限制韩信作为大将军的威望，可谓正中下怀、一举两得。退一步讲，就算郦食其游说

齐国失败，自己也不会有什么损失，只需按原计划令韩信发兵攻城就是了。

所以刘邦欣然同意郦食其的建议，派他出使齐国招降。郦食其见到齐王后，首先就楚汉双方的优劣形势进行对比，说明汉强楚弱，楚必为汉败的道理。郦食其指出：汉占据敖仓之粟，据有成皋之险，守白马津，且有太行山之屏藩。楚军已不能西进。燕赵之地已尽为汉有，齐楚则无法与汉优越的形势相比。郦食其进而威胁齐王说："后服者先亡。"如果齐国能够早些向汉王降服，则齐国定能保全，如若不然，齐国的危亡就在眼前了。齐王田广认为郦食其的分析颇有道理，立即答应叛楚附汉，并命令撤除历城附近的戒备。

而此时韩信正率兵向东进发，大军尚未渡过平原津，忽然得知刘邦已派郦食其说降了齐国，韩信想停止前进。但谋士蒯通却建议韩信不要停止进军。他对韩信说："将军奉命进攻齐国，而刘邦自己又派谋士去说服齐国，难道他又有命令要你停止前进吗? 既然没有，就应该前进。况且郦食其这个人，凭着一张能说会道的嘴巴，一下降服齐国七十余座城邑，将军率领数万部队，血战一年多才攻下赵国五十多座城邑，身为将

军多年，反而不如一个见识浅陋的人功劳大吗？"这件事触碰到了韩信的痛处，自己拜为大将军，全军将士随自己拼杀多年，屡建奇功，而到了今时今日，真的还比不上文士的一张嘴吗？于是接受了蒯通的建议，渡过黄河继续东进。

　　齐国因已与郦食其商定归附汉王，就解除了对汉军的戒备。这时韩信大军已迫近历城，以突然袭击的行动，歼灭了齐国的部队，并乘胜攻克齐国都临淄。齐王田广以为郦食其出卖了自己，于是将郦食其煮死。田广遂败退高密，派人请求楚王援救。韩信攻占临淄后，向东追击田广，到达高密以西地区。楚王项羽也知道此役的关键，如果齐国失守，自己就会受到刘邦与韩信两路兵马的合围，有腹背受敌的威胁，事关重大，于是项羽为齐国派去了一支精锐部队，有二十万之众，由龙且统帅。龙且是一位颇负盛名的楚军将领，他统率大军援齐，

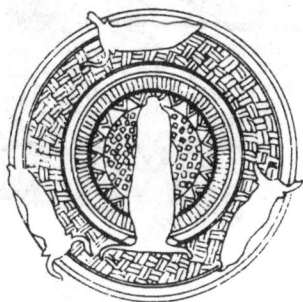

动作迅速，很快进入战区，并与齐王田广等军在高密会师。

当韩信率部由临淄推进到潍水以西地区时，得知楚大将龙且二十万大军已与齐军会师，兵力大大优于自己所部，于是下令暂且停止进攻，与齐楚联军隔潍水对峙，一场潍上决战即将展开。因为对方合兵一处，占据了先机，为防止联军从正面大举冲杀，韩信对潍上决战做了如下策划：派兵于潍水上游，沉放大量沙袋，以堵塞潍水，到一定时间掘开沙袋放水，以水阻隔和淹没楚齐联军；以主力军于潍水西岸待机，随时准备进击被阻于西岸之敌军；由韩信亲率主力军，乘潍水水浅之时渡河攻击楚军，引诱楚齐军出击，追击汉军至西岸。这样做无非是想分割对方兵力，各个击破。

而再看联军一方，楚军中有经验的将领向龙且建议说："汉军远征，其锋锐很难抵挡。齐、楚联军在家乡附近作战，士兵会很容易逃亡，不如坚守城池，等待时机，让齐王派人去告知所有被汉军占领的城市，这些城市得知齐王还安在，并且楚军也来救援，必然群起而反抗汉军，这样，汉军深入两千多里作战，齐国城邑都起来反抗，汉军就根本无法获得粮食柴草，那就可以不战而迫降汉军了。"这种分析很明显是利用了己方的优势来打击韩信所部的劣势，是合理的战术安排。但是，龙且听不进这些正确的作战主张，他有自己的算盘。此番率军前来，名为救齐，实则是想趁机夺占齐地。他对其心腹说："我军此番前来是为了救齐，如汉军不战而降，我还有什么功劳呢？现在我战而胜之，齐国大半疆土岂不垂

手可得?" 但是,龙且做梦也没有想到,韩信正连夜为这位骄傲的将军准备墓地。几天以后,两军在潍河两岸摆开阵势,龙且在河东,韩信在河西,准备交战。

分析了两军统帅的战前准备,相信大家可以预知这场战役的结果了。龙且没有以己所长克制韩信所部的短处,反倒是贪功冒进落入了韩信的战斗陷阱之中,一个是轻敌自私,另一个是有备而来、请君入瓮,相较之下,结果是可以预知的了。韩信见龙且指挥楚军涉渡潍水,于是命令按计划掘开上游之沙坝,河水急流而下,龙且大军被河水分割为东西两个部分。主力军全被阻于东岸,无法继续渡河。此时汉军机动部队乘机出击,反击楚军。龙且被曹参军斩于阵前,楚将周蓝被灌婴俘获,汉军将潍水西岸的楚军全部歼灭。停留于潍水东岸的楚军见西岸楚军惨败,遂立刻溃散,韩信大军乘胜急渡潍水,追杀楚齐败军。韩信

亲率大军追至城阳，俘获齐王田广；灌婴率骑兵追击并俘获了齐相田光；曹参率军向胶东进攻，击破齐军，斩杀了齐将田既。齐相国田横得知齐王田广被汉军擒杀的消息，即自立为齐王，与前来进攻的灌婴军战于嬴下，田横军战败，率败军奔往梁地，投靠彭越。至此，齐地已全部为韩信军平定。

韩信此役胜利，对战局影响甚大，甚至对战略全局产生了决定性的影响。潍水之战的胜利，进一步从北面与东北面对项羽形成了战略包围，这一包围态势置项羽于十分被动的境地，使西楚失去了北方的屏障，直接威胁着项羽大本营彭城的侧背安全，使项羽如芒刺在背。潍水之战韩信大军的胜利，还严重地破

坏和威胁着项羽军的后方供应。鲁南和淮河南北地区一向为项羽军的粮食供应基地，但三齐为韩所占，淮河南北也朝不保夕，使项羽大军的粮草供应已大有枯竭之感，这就不能不给予楚汉战争的发展以决定性的影响。

韩信在这场战役中，利用了龙且先前多次作战胜利，轻视韩信，不对汉军和韩信做基本的分析研究，也不侦察了解敌人的作战意图，便轻率出战这一骄傲的心理，并能因地制宜，以水脉切断了齐楚联军的阵型，并各个击破，不骄不躁，洞悉全局，最终取得自己在这条战线上的全面胜利。为将者戒骄戒躁，若骄傲则轻敌，如焦躁则冒进，龙且把这些为将之道都抛在脑后，可见败局也是理所应当了。韩信的最大特点就是不轻敌，仔细分析每个对手的优缺长短，做到知己知彼，做出正确的战前部署。再有就是不焦躁，能从容面对一切不利

于己方的突发事件，并且将其转化为全
军的动力，背水一战就是一个很好的证
明。由此来看，韩信真是那个乱世里不
可多得的将才。

　　韩信连克魏、代、赵、燕、齐五国，
占领了长城以南、黄河以北和山东的大
部分地区，取得了北面战场的全面胜利，
完成了对成皋楚军的战略包围，有力地
支持了刘邦在正面战场上的作战，为刘
汉政权的最后胜利奠定了坚实的基础。
在对魏、赵、齐的作战中，韩信灵活用兵，
根据不同的情况，分别采取了声东击西、
背水列阵和断水塞流的战法，显示了这
位历史名将善于先计后战和出奇制胜的
作战特点。

八、胸存大义　笑弃三分

可就是这样一个将才，在刀光剑影的战场中游刃有余、挥斥方遒，在人生的战场中却尽是失意。在战场中他指挥得了千军万马，在人生中却左右不了他自己，可能这也印证了盛极而衰、月盈则亏的道理吧。

韩信率劣势之军，继平定代、赵、燕地之后，又在短短数月之内平定齐地，特别是潍上战役，一战而歼灭龙且二十万之众，并斩杀了项羽大将龙且。

韩信之名已威震天下，韩信的势力，在刘邦、项羽之间已处于举足轻重的地位。此情此景下，韩信派人向汉王刘邦请求封自己为齐地的假王。对此他是这样上书给刘邦的，他说："齐国狡诈多变，是个反复无常的国家，南边又与楚国相邻，如不设立一个假王来作暂时统治，局势将不会安定。我希望汉王您封我做假王，管理齐地，这样对形势有利。"这时，正值项羽军围困刘邦于荥阳之际，刘邦听完韩信来使的请求后，立即大骂道："我被困于此，韩信不救荥阳之急，竟想自立为王？"谋士张良、陈平见刘邦大怒，急忙踩了一下刘邦的脚，并悄声对刘邦说："现在形势对汉军十分不利，阻止韩信当王恐发生变故，不如将计就计，就立韩信为齐王，以便使他安心防守齐地。"刘邦领会了张良、陈平的意思，随即又改口骂道："大丈夫平定了诸侯，就应当成为真王，何必要做假王"。于是即派张良去齐立韩信为齐王，并征发韩信之军进攻楚。

相较于早年的受封大将军，如今在齐地如此重要的位置当王，韩信可谓节节高升，先前那个轻狂少年许下的宏远之志也已经实现，真是扬名天下、有所作为。而实际上依韩信所做出的成就来看，受封齐王半点也不为过。一向以善于把握战机闻名的韩信却在此时主动向汉王邀功，无疑触怒了龙颜。刘邦虽笑封韩信为齐王，但也随即提了一个条件，就是征发韩信之军进攻楚。

潍水一战，韩信率部歼灭了项羽援齐的二十万大军，而且斩杀了楚军名将龙且，这对项羽军的军心斗志是一次极其沉重的打击。项羽也因此次重大战役的失利而十分惊恐，已经感到依靠自身的力量将难以战胜刘邦和韩信两大集团，于是想通过外交游说拆散刘邦韩信的联合。为此，项

羽急派盱眙人武涉去韩信处游说，劝韩信背汉并与楚合作。武涉见韩信后说："秦朝被击破后，按照功劳大小，割地封王，安定天下，休养生息。现在汉王突然又发兵向东方进攻，侵掠别人的封地，已经灭亡了三秦，又引兵出函谷关，征服诸侯并强编诸侯之兵再东向进攻楚地，看来汉王的意图是非全部吞并天下不可，他贪得无厌已达到极点。"随后，武涉进一步指出，刘邦决不会放过比他强的人，定会将他们一个一个消灭掉。武涉说："现在刘邦厚待你，是因为你的实力强劲，是个左右战局的关键人物。换言之，你帮助刘邦，则刘邦会夺取天下，帮助项王，则项王就能一统天下。你如果帮助刘邦攻打项王的话，就算最终取胜，你也会遭到刘邦的猜疑，他下一个要对付的就是你了。你与项王本属故交，倒不如

选择帮助项王，将刘邦打回汉中，这样由项王居楚地，你居齐地，刘邦入三秦旧地，三分天下。"韩信谢绝说："我奉事项王多年，官不过是个郎中，位不过执戟之士。我的话没人听，我的计谋没人用，所以才离楚归汉。汉王刘邦授我上将军印，让我率数万之众，脱衣给我穿，分饮食给我吃，而且对我言听计从，所以我才有今天的成就。汉王如此亲近、信任我，我背叛他不会有好结果的。我至死不叛汉，请替我辞谢项王的美意。"

谋士蒯通也深知当今天下大局之关键在于韩信，因而苦苦相劝韩信不要依靠和相信刘邦，要自立为王，三分天下，才是万全之策。蒯通借看相之名来规劝韩信，说："我曾经学过看相技艺。"韩信说："先生给人看相用什么方法？"蒯通回答说："人的高贵卑贱在于骨骼，忧愁、喜悦在于面色，成功失败在于决断。用这三项验证人相万无一失。"韩信说："好，先生看看我的相怎么样？"蒯通回答说："希望随从人员暂时回避一下。"韩信说："周围的人离开吧。"蒯通说："看您的面相，只不过封侯，而且还有危险。看您的背相，显贵而不可言。"韩信听到此处就明白蒯通说自己背相贵不可言就是取背叛刘邦、自立为王之意，但韩信装作没有听懂的样子，意在让蒯通知难而退。而蒯通为了彻底说服韩信，就举

引一些历史上有名的君王平定天下继而迫害功臣的事例，劝韩信一定要慎重考虑自己的建议。

蒯通说：自古以来"勇略震主者身危，而功盖天下者不赏"。蒯通说："如今齐王您有着功高震主的威望，您的功劳已经无法用什么奖赏来衡量，投向楚王，楚王不会相信这样的事，而继续为汉王效力，汉王一定会因为您的功高震主而处处防范您，看到您现在的状况，我真的为您担心。"韩信这时应该有些犹豫了，但受刘邦提携，被拜为大将军这样的恩情阻止他野心的膨胀。几天以后，蒯通见韩信没有什么行动，就劝说韩信应该当机立断，脱离汉王，否则将失掉天赐

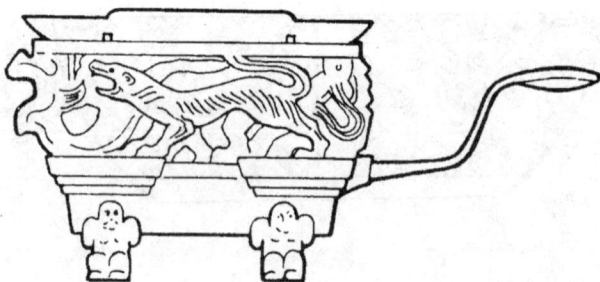

之良机，悔之晚矣。蒯通说："古人讲道：'猛虎犹豫不能决断，不如黄蜂、蝎子用毒刺去螫；骏马徘徊不前，不如劣马安然慢步；勇士孟贲狐疑不定，不如凡夫俗子，决心实干，以求达到目的；即使有虞舜、夏禹的智慧，闭上嘴巴不讲话，不如聋哑人借助打手势起作用'。这些俗语都说明付诸行动是最为宝贵的，所有的事业都难以成功而容易失败，时机难以抓住而容易失掉。时机啊时机，丢掉了就不会再来！希望您仔细地考虑斟酌。"韩信犹豫不决，始终认为汉王对他有提拔之恩，当年因为信任自己所以才授命大将军给自己，没有刘邦也就没有自己的今天，不忍心背离刘邦，同时自信为汉王立了许多战功，刘邦不会忘恩负义而剥夺他的王位。终于下定决心谢绝了蒯通的劝告。蒯通见劝说韩信无果，假装疯癫离开了韩信。

韩信最终还是没有听从自己谋士蒯通的建议，原因或许有很多种，但有一点是毋庸置疑的，就是韩信是个知恩图报的人。只靠着这一点，韩信最终将命运交给了刘邦安排，作为一名军事统帅，还有一场真正的恶战在等待着他，也许他想通过对项王的最后一战证明自己的忠心吧！

九、攻心为上　平楚灭羽

　　公元前 202 年，由于韩信占领了黄河中、下游的广大地区，彭越又在梁地不断骚乱，使楚军供应困难，形势对项羽越来越不利。而汉军方面，萧何不断从关中运送兵员和粮草，支援前线，刘邦兵足粮足，在荥阳以西稳住了阵脚。这时胜利的天平已然倾向了汉王刘邦这一边，韩信没有选择自立为王、三分天下，保得汉王自家后院没有起火，上下一心共同出击项羽，此消彼长，项羽那边明

显落了下风。从楚王项羽心理变化上也能看出答案，一贯极端自负、刚毅不屈、坚信以武力征服一切的项羽，这时竟然想通过外交游说韩信背离刘邦，以期获取战场上他难以得到的东西，可见他当时的处境已经到了何等岌岌可危的程度。最后一役虽还没有打响，但楚汉战争的结局由此已经初见端倪。

汉四年九月，项羽拔营东归，准备固守楚地，回兵彭城。这年十月，刘邦见围歼项羽的时机已经成熟，便采纳张良、陈平的建议，率兵出阳夏（今河南太康县），同时传令各路诸侯率军西向，在固陵（今河南淮阳西北）会师。不久，韩信、彭越、英布等诸路兵马先后到达，从成皋到荥阳一路相连数百里，人马跃动，震天动地。刘邦见诸路兵马如期而至，心中大喜，当下命韩信为总统帅，指挥各路大军；又命萧何、夏侯婴运输粮草，供应前方。

汉五年十一月，刘邦率兵进入楚地，围攻寿春（今安徽寿县）。又派人诱使驻舒县（今安徽庐江县西）的楚国大司马周殷叛楚降汉，以舒县兵屠破六（县名）县。到了十二月，终于将项羽围困于回奔彭城的路上——垓下（今安徽灵璧县东南，沱河北岸的濠城）。

项羽兵至垓下时，登高西望，只见汹涌扑来的汉兵像蚂蚁一样多，不禁仰天长叹道："我悔不该当初不杀刘邦，竟受他欺骗，与他议和。如今他背约发兵，太无信义了！"项羽虽怒不可遏，但是知道自己还有翻盘取胜的机会，命十万将士就地扎营，布兵列阵，准备与汉军决战，准备于乱军之中斩杀刘邦，借汉军统帅被杀、群龙无首之时来个绝地反击。这样的安排虽然属于上策，但是又显然不符合项羽的个性，对于这样骄傲的王者来说，向来是以气吞山河、勇往直前取胜的，当年虽兵力不济，也要"破釜沉舟"挥兵直插敌营，可见在项羽这个统帅骨子里就只有进攻，他认为

进攻就是最好的防守。在此绝境下，项羽虽一反常态地打起防守战，韩信却看出了他的弱点。

韩信向刘邦请命，希望由自己指挥这场最后的大决战，刘邦亲自将韩信送出军营，说："我将在此等待将军凯旋的消息。"一时间，这对君臣仿佛又回到了当日拜将的时刻，韩信知道他要做的是什么。韩信受命汉军总统领之后，对项羽阵营进行了分析，知道此战凶险，项羽有力拔千钧之势，号为"西楚霸王"，勇冠三军，又值此危难时刻，定会全力以赴。况且楚军列下阵势，以逸待劳，自己与之硬拼，胜负之数就未可知了。于是韩信设计，将三十万人马分成十队，布置了十面埋伏阵，四环接应。由他自己亲率三万人马上前挑战，诱敌深入，变被动为主动。士兵按韩信命令，冲着楚营高喊："人心皆背楚，天下已归刘。韩信屯垓下，要斩霸王头！"本该固守营盘，

以逸待劳的项羽听到这些，再也忍耐不住，把自己先前的计划抛之脑后，率众冲杀出去。

两军相接，交战几个回合，韩信且战且走，把项羽引进了包围圈。楚将虞子期怕中埋伏，打马追上项羽。劝道："韩信多谋，汉军势众，主公不必急于追杀，待我江东援兵赶到，汉兵粮草空虚，再杀他也不迟。"此时项羽已怒不可遏，如何能听进这些话，他狠狠瞪了虞子期一眼，全不把汉军放在眼里，一直杀奔过去。

忽然杀声四起，汉军伏兵两路杀出。两军鏖战一阵，项羽冲开汉军，直追韩信。没追出多远，又有两路伏兵杀出，截住项羽，再度厮杀，不多时，又被项羽冲破。项羽气得血往上涌，一心要抓住韩信，径直追去。伏兵接连四起，十面埋伏，一起杀出，将楚军团团围住。项羽方知中计，余气未消，身心俱惫，只得奋力杀开一条血路，带领残部退回垓下大营。

十万楚军经过几番厮杀，剩下的已不足两三万人，垓下被围，动弹不得！一晃几日过去，粮草断绝，外无援兵，不

禁陷入一筹莫展的苦境。时值隆冬，寒风刺骨，雪飞冰凝，楚军将士忍饥受冻，多有怨声。这天夜里，寒风凄凄，忽高忽低，像是怒号，又像是哭泣。随着凄切的风声，四面隐约地传来楚歌，低沉凄怆，如泣如诉："寒月深冬兮，四野飞霜，天高水涸兮，寒雁悲怆。最苦戍边兮，日夜彷徨，披坚执锐兮，孤立山冈。虽有田园兮，谁与之守？邻家酒热兮，谁与之尝？白发倚门兮，望穿秋水，稚子忆念兮，泪断肝肠。终生在外兮，何时反省？妻子何堪兮，独宿空房。一旦交兵兮，蹈刃而死，骨肉为泥兮，衰草沓茫。魂魄幽幽兮，不知所往，壮士寥寥兮，付之荒唐……"项羽听了，暗暗吃惊，对身边的爱妃虞姬说："莫非汉军已把楚地全占了吗？为什么汉军里有那么多楚人呢？"楚军将士也被这歌声引动了思乡之情，无心再战，纷纷逃散，连跟随项羽征战多年的将军们，也暗地里不辞而别，就连项羽的叔父项伯也偷偷离去了。军心大乱，一夜之间，项羽身边只剩下了千余人。项羽愁眉不展，坐卧不安，连声叹息。次日凌晨，项羽别虞姬突围，几经转战，只身来到乌江（今安徽和县东北四十里江岸的乌江浦）边，见前有滔滔江水，后有汉将灌婴率兵紧追不舍，心灰意冷，无颜再见江东父老，便拔剑自刎了。一代悲剧英雄，就这样血洒乌江之滨，时年31岁。自此，历时四年的楚汉战争终于以刘邦的胜利而告终。

此役韩信充分分析了楚王的优劣势所在，楚王的优势在于其固守之地离江东大营不远，如其谋士所说："待江东援兵赶到，汉兵粮草空虚，再与之交战也不迟。"所以此役的关键在于争取时间，在项羽援兵尚未赶到之时结束战争。楚王项羽的另一个优势所在就是，自己只需要固守阵地，等待时机，待到攻击一方损失惨重、士气低沉之际再主动出击，插入汉营斩杀刘邦也不迟。可惜占据这些优势的项羽却没有利用这些优势，不是他不想用，只因韩信明白楚王的弱点，那就是绝对的自信与不冷静的头脑。而这些正是由于项羽本身打过胜仗无数，而这些胜仗都来源于自己勇猛的进攻，这才导致了他敢于放弃防守优势，投入正面的冲杀、追击韩信。而就是这样不冷静的举动，才使得他一步一步地将自己的军队带进了包围圈。而后韩信再用"四面楚歌"之法，致使项羽的八千子弟思乡心切，战斗力荡然无存。垓下本该

是项羽临近故乡，等待援兵的有利位置，却被韩信瞬间转化为楚军逃亡的地理劣势，可以说，这是韩信采用的心理战略的成功，充分显示了韩信卓越的军事指挥才能。

看到这里，读者会想为什么韩信的心理战术用在项羽身上会屡屡建功。其实很简单，项羽也许不是个骄傲自负的人，但他的地位——身居项王、号令天下，岂能容忍一个"胯下小儿"的挑衅。面对项羽这样一个强劲的对手，既然不能用兵强取，那就只好用些非常手段了。也许韩信在对待项羽这样的豪杰时，用计将其活活逼死是有些不大光彩，但是作为一名战场上的军事统帅，只顾及颜面而不管士兵的生死，这似乎更不应该。而韩信在结束了这场战役后，也彻底完成了汉王授予他的军事使命，不愧当年轻狂少年受封大将军之名。

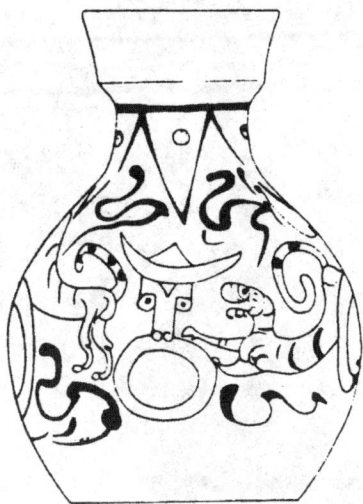

十、兔死狗烹　英雄遗恨

　　项羽被打败后，刘邦做主天下，开始封赏有功之臣。但是问题又产生了，韩信手握天下兵马大权，又位居齐国这样一个战略要地，如若造反，自己的地位就可能瞬间倾危。刘邦用突然袭击的办法夺取了齐王韩信的军权。汉五年正月，改封齐王韩信为楚王，建都下邳。为此刘邦有自己的一段说辞，说一个人富贵之后如果不回自己的故里展现一番，就如同穿着华丽的衣裳走在夜路上，没人赏识。这样一来将韩信从齐地调往楚地，反倒成了体恤臣子，为韩信着想了。

韩信到了下邳，召见曾经分给他饭吃的那位老妪，赐给她黄金千斤。轮到下乡南昌亭亭长，就只赐给百钱，说："你是个小人，做好事有始无终。"召见曾经侮辱过自己、让自己从他胯下爬过去的年轻人，任用他做了中尉，并告诉自己的一干臣子说："他不是老弱病残，当侮辱我的时候，我难道不能杀死他吗？但是我杀掉他没有任何意义，如果只为杀了他解恨，自己再因此获罪，那么我又怎么能成就今天的功业？我的志向是做大事，怎能只因为与人斗气就放弃自己的理想呢？为了成就大业、一展所长，我可以忍受那样的屈辱。"从韩信对待上面三个人的态度我们不难看出，韩信是个头脑冷静、胸怀大志，又能知恩图报、不拘小节的人。也正是有了这样的性格，才使得他能在战场上冷静应对各种变化，

少犯错误；同时在是否背离汉王、自立为王的选择中，选择了报答汉王的知遇之恩，愿意为之效力以定天下。从这些小事的处理上，我们可以看出韩信的处世原则。而他可以约束自己的野心，却防备不了别人的疑心。

韩信初到楚国，由于自己设计逼死了项羽，而楚地还有人追思项王，局势不那么安定，韩信恐有人叛乱行刺，所以巡行所属县邑，进进出出都带着武装卫队，这就让人怀疑韩信是在借故偷偷操练兵马。汉六年，有人上书告发韩信谋反。刘邦疑心大盛，想要捉来韩信问问却又怕逼得韩信起兵造反，这时刘邦

的谋臣陈平建议道："您假托天子外出巡视会见诸侯之名，南方有个云梦泽，派使臣通告各诸侯到陈县聚会，说："我要巡视云梦泽。"待到韩信觐见刘邦之时，借机将韩信捉拿，这样就不会旁生枝节了。此时还发生这样一件事：项王部下逃亡的将领钟离昧，家住伊庐，一向与韩信友好。项王死后，他逃出来归附韩信，韩信念在旧时情谊就收留了他。汉王因当年在战场上屡遭钟离昧劫杀而怨恨钟离昧，听说他在楚国，诏令楚国逮捕钟离昧。这就给韩信出了个难题，自己明明无心造反，可刘邦疑心太重，加之刘邦周围有人想陷害自己，不断进言，自己在楚国的处境十分不利。而自己又收留了刘邦的仇人，到时真要对质起来还不好解释清楚。

　　眼看刘邦就要到楚国了，韩信也感觉到事态的严重性。这时有人对韩信说："杀了钟离昧去朝见刘邦，刘邦一定高兴，这样还能证明您的忠心，就没有祸患了。"韩信去见钟离昧商量。钟离昧说："汉王所以不攻打楚国，是因为我在您这里，你想逮捕我取悦汉王，我今天死，你也会紧跟着死的。"还骂韩信说："你不是个忠厚的人！"随后刎颈身死。韩信拿着他的人头，到陈县朝拜刘邦。刘邦命令武士捆绑了韩信，押在随行的车

上。韩信说："果真像人们说的'狡兔死了，出色的猎狗就遭到烹杀；高翔的飞禽光了，优良的弓箭收藏起来；敌国破灭，谋臣死亡'。现在天下已经平安，我本来应当遭烹杀！"刘邦说："有人告发你谋反。"就给韩信带上了刑具。到了洛阳，大约是查无实据，不久就将韩信由楚王降为淮阴侯，控制在京城。如果说韩信的性格分为前后两个时期，那么这段软禁京城的日子里，他一定想通了很多事。其中最大的转变就是韩信对刘邦善待自己已经不抱有幻想，自己已经在刘邦的掌握之中，就如同败军之将，何足言勇。

韩信也清醒地认识到，自己是因为善于统兵而身居高位的，而现在降为淮阴侯，丧失了兵权也就没有了可以拿出来显示的资本，所以常常托病不参加朝见和侍行。本是开国功臣，却落到这般田地，想到自己现在和绛侯、灌婴处于同等地位，韩信日夜怨恨，在家闷闷不乐，

感到自己受到了羞辱。韩信曾经拜访樊
哙将军，樊哙跪拜送迎，自称臣子，说：
"大王怎么竟肯光临。"韩信出门笑着说：
"我这辈子竟然和樊哙这般人为伍了。"
刘邦还经常从容地和韩信议论将军们的
高下，韩信总是委婉地说他们各有所长。
刘邦问韩信："像我这样的才能能统率
多少兵马？"韩信说："陛下不过能统率
十万。"刘邦说："那你怎么样？"韩信
回答说："我是越多越好。"刘邦笑着说：
"您越多越好，为什么还被我俘虏了？"
韩信说："陛下不能带兵，却善于驾驭
将领，这就是我被陛下俘虏的原因。况

且陛下是上天赐予的，不是人力能做到的。"

在京城的日子里，韩信看着那些立功甚少却身居高位的人，又想到自己不世功业却落到被软禁、看人脸色行事的悲惨境地。这在一个文臣身上发生，可能会忧郁而终，但在武将韩信看来，却不能容忍。过惯了军营里自由自在生活的人，是难以适应宫廷权力角逐、畏首畏尾的生活的，韩信就是这样的人，他在等一个机会的到来。

陈豨被任命为巨鹿郡守，向淮阴侯辞行。淮阴侯拉着他的手避开左右侍从在庭院里漫步，仰望苍天叹息说："您可以听听我的知心话吗? 有些心里话想跟您谈谈。"陈豨说："一切听任将军吩咐!"淮阴侯说："您管辖的地区，是天下精兵聚集的地方；而您，是陛下信任宠幸的臣子。如果有人告发说您反叛，陛下一定不会相信；再次告发，陛下就怀疑

了；三次告发，陛下必然大怒而亲自率兵前来围剿。我为您在京城做内应，天下就可以取得了。"陈豨一向知道韩信的雄才大略，深信不疑，说："我一定听从您的指教！"汉十年，陈豨果然反叛。刘邦亲自率领兵马前往，韩信托病没有随从。暗中派人到陈豨处说："只管起兵，我在这里协助您。"韩信就和家臣商量，夜里假传诏书赦免各官府服役的罪犯和奴隶，打算发动他们去袭击吕后和太子。部署完毕，等待着陈豨的消息。他的一位家臣得罪了韩信，韩信把他囚禁起来，打算杀掉他。这个家臣的弟弟上书告变，向吕后告发了韩信准备反叛的情况。吕后打算把韩信召来，又怕他不肯就范，就和萧相国谋划，令人假说从皇上那儿来，说陈豨已被俘获处死，列侯群臣都来祝贺。萧相国欺骗韩信说："即使有病，也要强打精神进宫祝贺吧。"韩信进宫，吕后命令武士把韩信捆起来，在长乐宫

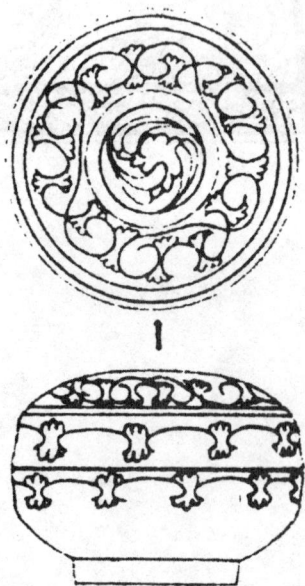

的钟室杀害了他。韩信被萧何引荐，登坛拜将，又因萧何设计，走向死亡，真是"成也萧何，败也萧何"啊！韩信临斩时说："我后悔没有采纳蒯通的计谋，以至为妇女小子所欺骗，难道不是天意吗？"韩信死后，吕后还下令诛灭韩信三族，以彻底消除韩信之死带来的隐患。

刘邦从平叛陈豨的军中回到京城，见韩信已死，又高兴又怜悯，高兴是因为韩信功高震主，本就该死，只是找不到合适的机会，这下他自己造反，可以堵住天下人的悠悠之口了。他又很怜悯韩信，刘邦也知道韩信为自己今日的成就做出了很大的贡献，自己却没有善待他，于是就问："韩信临死时说过什么话？"吕后说："韩信说悔恨没有采纳蒯通的计谋。"刘邦说："那人是齐国的说客。"就诏令齐国捕捉蒯通。蒯通被带到京都，刘邦说："你唆使淮阴侯反叛吗？"蒯通回答说："是。我的确教过他，可韩信不采纳我的计策，所以有自取灭亡的下场。假如韩信采纳我的计策，陛下怎能够灭掉他呢？"刘邦生气地说："煮了他。"蒯通说："哎呀，煮死我，冤枉啊！"刘邦说："你唆使韩信造反，有什么冤枉？"蒯通说："秦朝法度败坏，政权瓦解的时候，山东六国大乱，各路诸侯纷纷起事，一时天下英雄豪杰像乌鸦一样聚集。秦朝失去了他的帝位，天下英杰都来抢夺它，于是才智高超、行动敏捷的人率先得到它。跖的狗对着尧狂叫，尧并不是不仁德，只因为他不是狗的主人。当时，我只知道有个韩信，并不知道有陛下。况且天下磨快武器、手执利刃想干陛下所干的事业的人太多了，只是力不从心罢了。您怎么能够把他们都煮死呢？"刘邦于是赦免了蒯通。

之所以将蒯通的遭遇也讲述出来，是因为韩信在临死前的那句话，他说："我后悔没有采纳蒯通的计谋，以至被妇女

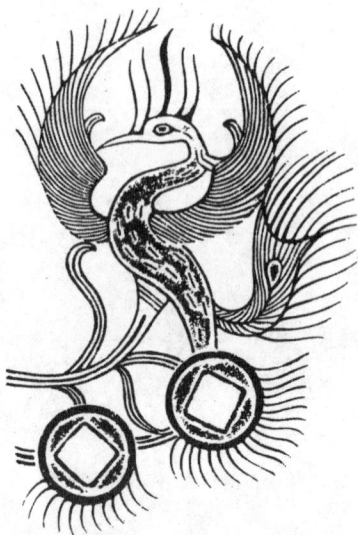

小人欺骗，难道不是天意吗？"蒯通作为三分天下计谋的策划者，最终没有被处死，而当初拒绝蒯通三分天下的人，却遭遇了灭族之灾。这倒也就算了，为何韩信还将责任归结到"天意"上面去呢？也许从韩信的临终遗言上，可以对这位名将的身死做一下分析。

韩信后悔当年没有听从蒯通的建议，这只是人为的决定，和天意怎么也扯不上关系。可见韩信只是借蒯通来说明自己没有造反这件事情，为当年的忠心找一个证据留给后人，也只有刘邦问讯蒯通的时候，才能让汉王见到自己当年的真实想法——当年的韩信不会造反。为什么这样说，在前文也提到过，韩信的性格有两个时期，前期是在军营中为刘邦打天下，实现自己的抱负；后期则是身居淮阴侯之位，处处受到排挤压制，在京城里过着被软禁的生活。

相信刘邦在问讯蒯通的时候会想到

韩信吧，这是一个对刘邦疑心韩信造反的有力回击，要是想造反，当年的机会一定是最好的，可韩信没有那样做。可如今却要在刘邦的地盘造反，这完全是被刘邦逼的，就算是造反失败被杀，韩信也要把这个讯息传达给刘邦，传递给后人，这就要讲到这位名将口中的"天意"了。

天意，即非人力所及，是想改也改变不了的规律。韩信曾经多次拒绝部下劝其自立为王的提议，总是以刘邦带自己不薄，背叛会不祥之类的话拒绝。但我们也能看出他在做出这个决定时，不是斩钉截铁的拒绝，而是有些犹豫。大将军征战四方、雷厉风行，又怎么会这般拖沓？其实他在考虑一个天道循环的规律，就是天下分久必合、合久必分的规律。如果自己当初自立为王，三国相抗，那么必然导致战火的不断蔓延，百姓始终会生活在三国战火离乱之间，士兵也

会面对更多的战役，死伤无计。这样的惨烈，也许只有韩信这样的统帅才能看得最清楚，因为他经历了太多的战争，所以更明白战争的真意，想要阻止战争的发生。举个例子来说，统一的国家很少发生战争，也会尽力阻止战争的发生；而分裂的国家各诸侯国就会唯恐天下不乱，伺机寻找理由发起战争，以图主宰天下。而在韩信当时所处的形势下，战火燃烧已久，百姓期盼和平，迅速解决战争、安定天下的办法就是帮助刘邦击败项羽，建立统一的大汉帝国。而这个选择是冒险的，是对自己不利的，徘徊于个人与天下的利益取舍之间，所有人都会有所犹豫的，但至少韩信最终相信了天意，选择了分久必合的归宿，斩断了自立为王的念头。这是一个征战四方、胸怀仁义的将军的选择。而直到韩信临死前，也只是笑"天意"如此，可见他对当时的选择无怨无悔。

可问题又产生了，为什么韩信最后又要起兵造反呢？就连司马迁也这样评价韩信说：我到淮阴，淮阴人对我说，韩信即使是平民百姓时，他的心志就与众不同。他母亲死了，家中贫困无法埋葬，可他还是到处寻找又高又宽敞的坟地，让坟墓旁可以安置万户人家。我看了他母亲的坟墓，的确如此。假使韩信能够谦恭退让，不夸耀自己的功劳，不自恃自己的才能，那就不会有被杀的下场。他在汉朝的功勋可以和周朝的周公、召公、太公这些人相比，后世子孙就可以享祭不绝。可是，他没能致力于这样做，而天下已经安定，反而图谋叛乱，被诛灭宗族，不也是应该的吗。

之前也说过韩信性格有两个分期，后期虽身居淮阴侯之位，但处处受到排挤压制，在京城里过着被软禁的生活。这样对待韩信显然是不公平的，韩信自己也没有想通为什么会过上这样的生活。犹如一名战败的将军，可以面对敌兵的森森寒刃，一死罢了，却难以忍受敌人的羞辱，苟活余生。让我们细看韩信在被软禁时期的遭遇，真是英雄末路，让人垂怜。鲁迅说："不在沉默中爆发，就在沉默中灭亡。"韩信作为统兵多年的将领，更清楚自己取胜的把握有多大，在他爆发的一刻，也就到了灭亡的一刻，如焰火一瞬、昙花一现。千秋功业，留待后人评说。